나는 우리 마을 주치의!

일과 사람
06 의사

나는 우리 마을 주치의!

정소영 쓰고 그림

사계절

여기는 내가 일하는 병원이야.
아침 일찍부터 사람들이 와서 기다리고 있어.
간호사, 방사선사 선생님들은 진료 준비를 하느라 바빠.
지원이가 마스크를 쓰고 들어오네. 감기 걸렸나 봐.

철이 바뀌는 때라 요즘은 감기 환자가 많아.
그런데 나는 어디 있냐고?

짜잔! 진료실에 있지. 나는 의사야.
이 방에서 환자들을 만나고 치료해.
나를 처음 만난 아이들은 겁부터 먹더라.
아프게 주사 놓을까 봐 무서운 거지. 하지만 걱정 마.

나는 아프게 하는 사람이 아니야. 아프지 않도록 도와주는 사람이야.
지원이는 잘 알지. 아기 때부터 우리 병원에 다녔거든.

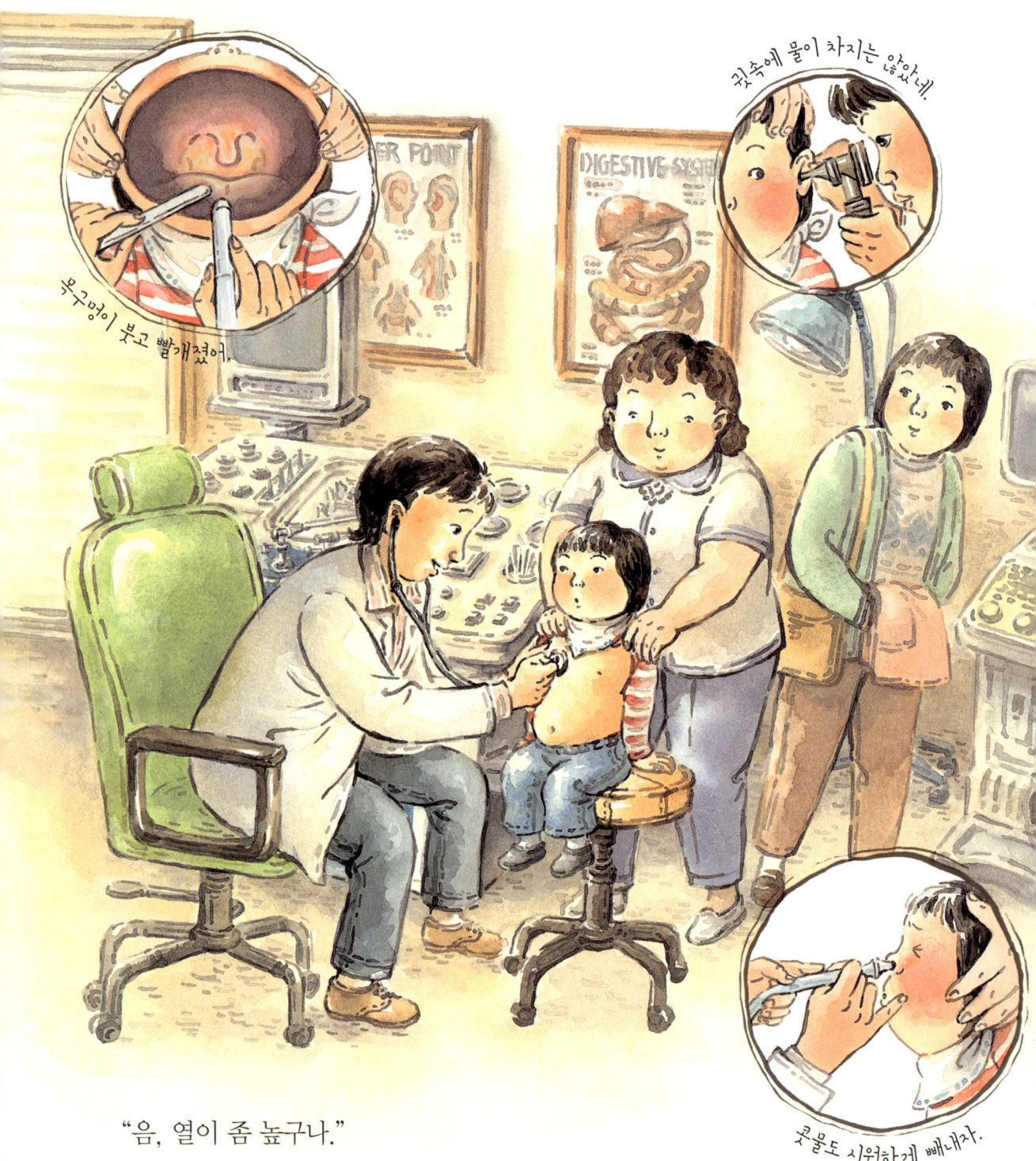

"음, 열이 좀 높구나."
귓속이랑 목구멍도 들여다보고, 청진기로 숨소리도 들어 봐.
귓병이 나거나 허파에 탈이 나지 않았는지 살펴보는 거야.
감기가 더 심해지면 다른 병이 될 수도 있거든.
지원이한테는 열을 내리고 목이 덜 아프게 하는 약을 줄 거야.
약보다 더 중요한 게 있지. 밥 잘 먹고 물 많이 마시고 푹 쉬기!

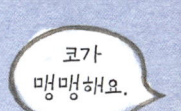

감기는 왜 걸릴까?

감기는 바이러스 때문에 걸려. 바이러스는 병을 옮기는 아주아주 작은 알갱이야. 감기 걸린 사람이 재채기를 할 때, 침이나 콧물에 섞여 바이러스가 튀어나와. 그래서 공기 속에 떠다니다가 손에 묻거나 코나 입을 통해서 몸으로 들어오는 거야. 그때 우리 몸이 약해져 있으면, 감기에 걸려.

바이러스는 눈으로 볼 수 없을 만큼 작아. 전자 현미경으로만 볼 수 있어.

감기에 걸리면, 열이 나고, 콧물이랑 기침이 나고, 목도 아파. 머리도 띵하고, 몸이 쑤시기도 하지. 그런데 우리 몸은 바이러스에 당하고만 있지 않아. 바이러스를 몰아내려고 맞서 싸워.

콧물, 재채기 | 콧속에 바이러스나 먼지가 들어오면, 우리 몸은 그걸 물리치려고 해. 그래서 콧물을 만들어서 씻어 내고 재채기를 해서 뱉어 내는 거야.

기침 | 콧물이나 가래가 숨 쉬는 길로 넘어갈 때, 그것을 밖으로 내보내려는 거야.

이렇게 우리 몸은 감기를 이겨 낼 수 있어. 그러니까 감기에 걸리면 푹 쉬는게 좋아. 코랑 목이 마르지 않게 미지근한 물을 자주 마시고, 잠잘 때 방에 빨래를 널어 두면 도움이 돼. 그런데 의사는 무슨 일을 하냐고? 바이러스가 더 힘이 세져서 몸이 너무 힘들 때 덜 아프도록 도와줘.

어느새 사람들로 북적북적해. 아침이 가장 바쁜 시간이야.
환자들한테는 가장 오래 기다리는 시간이기도 하지.
하지만 바쁘다고 서둘러 진료하면 안 돼.
늘 꼼꼼하게 환자 말에 귀 기울여야 해.

소연이가 예방 주사를 맞으러 왔어. 아기들은 병원이 낯설어서 많이들 울지.
그런데 아기가 울면, 몸 상태를 제대로 알아볼 수 없어.
이럴 때 쓰는 나만의 방법! 재미있는 물건으로 아기들 호기심을 끄는 거야.
이것 봐, 소연이도 뚝 그쳤잖아.

예방 주사는 왜 맞을까?

바이러스가 몸속에 들어오면 우리 몸이 맞서 싸운다고 했지? 그런데 어떤 바이러스는 엄청나게 빨리 늘어나. 그래서 우리 몸이 싸울 준비를 하기도 전에 병이 온몸에 퍼질 수도 있어. 이런 일을 미리 막으려고 주사를 맞는 거야. 이런 걸 **예방 접종**이라고 해.

우리 소연이 씩씩한걸.

예방 접종은 바이러스를 우리 몸에 넣는 거야. 이 바이러스는 약하게 만들었거나 일부를 쪼갠 거야. 그래서 우리 몸이 쉽게 이길 수 있지.

한번 이겨 내면 다음에 같은 바이러스가 들어와도 또 이길 수 있는 힘이 생겨. 이런 힘을 '**면역력**'이라고 해. 모든 병에 다 예방 주사를 맞는 건 아니야. 남한테 쉽게 옮기거나, 걸렸을 때 많이 아픈 병에만 맞는 거야.

나 빨리 가서 새참 줘야 돼요. 얼른 좀 봐 줘요.

저런, 어르신들이 너무 오래 기다리셨네. 얼른 봐 드려야지.
노인들은 꾸준히 관리해야 하는 병을 많이 앓아.
약도 중요하지만, 날마다 운동하고 음식도 잘 가려 먹어야 해.
그러다 보니 사람들을 만날 때마다 힘주어 말하는 게 있어.
평소에 건강한 생활 습관을 가질 것!

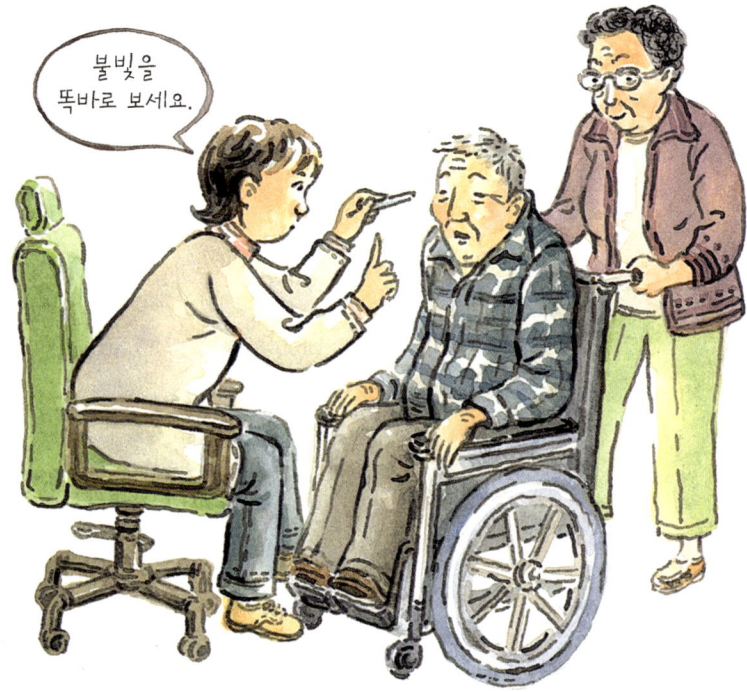

지화자 아주머니
감기 때문에 오셨어.
손주 보느라고 힘들어서
면역력이 떨어졌나 봐.

김만복 할아버지
뇌졸중을 앓고 계셔. 뇌에도 피가 흐르는 길이 아주
많은데, 그중 어떤 곳이 막히거나 터지는 병이야.
할아버지는 오른쪽 팔다리를 움직이는 뇌가 아프셔.
핏줄이 다시 막히지 않게 하는 약을 날마다 드셔야 해.
짜고 기름진 음식은 좋지 않으니까 드시면 안 돼.

이철범
설사가 심하고 몸살이 나서 왔어. 냉장고에 있던
음식을 상한 줄 모르고 온 가족이 먹었대.
식중독 약을 처방할 거야.

"요기가 췌장인데, 영양분을 몸으로 보내는……."

고양순 할머니

갑자기 살이 빠지고 오줌이 자주 마려워서 병원에 오셨어. 검사를 했더니 당뇨야. 음식을 먹어도 몸에서 영양분을 제대로 쓰지 못하는 병이지. 할머니는 앞으로 음식을 많이 드시면 안 돼. 운동도 꾸준히 해야 하고.

차트
어디가 어떻게 아픈지 적어 놓은 표. 우리 병원에서 진료한 건 다 적혀 있어.

"차트는 진료할 때마다 바로바로 써."

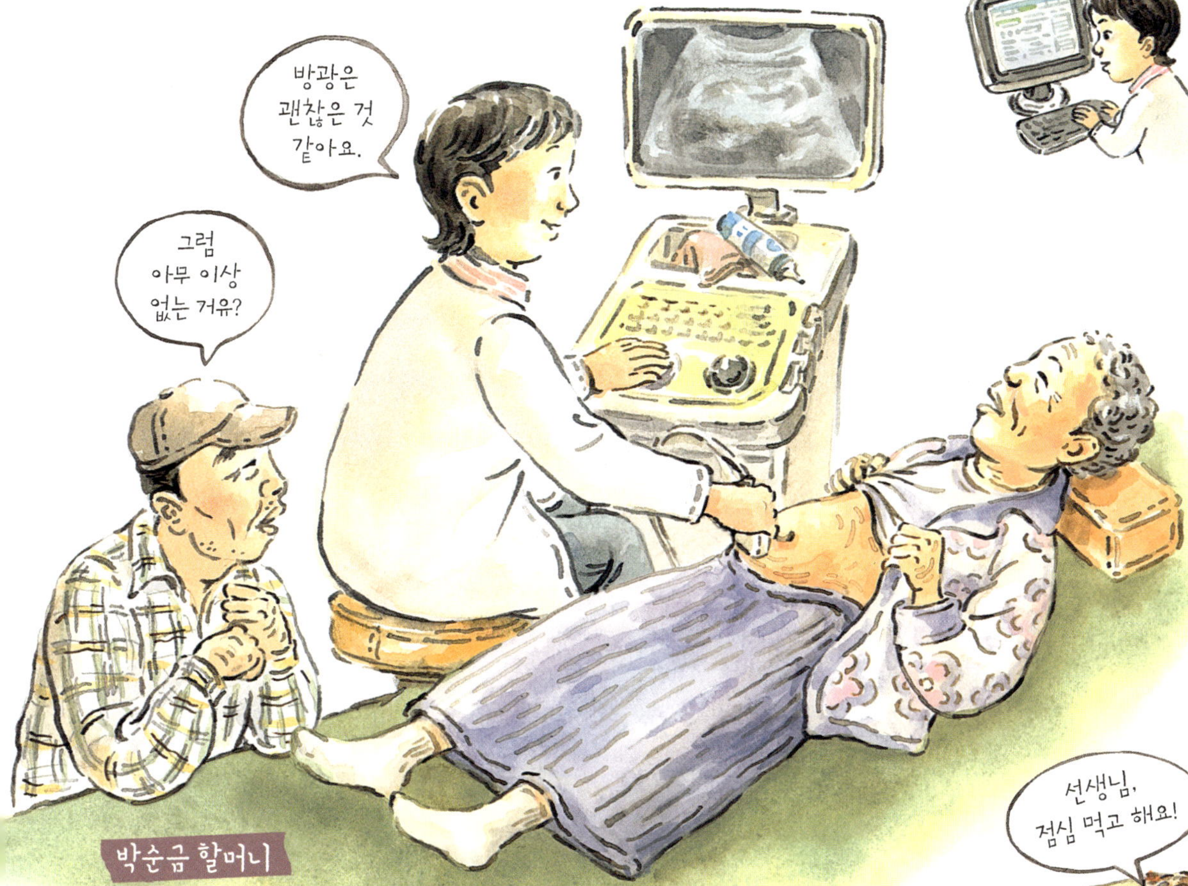

"방광은 괜찮은 것 같아요."

"그럼 아무 이상 없는 거유?"

박순금 할머니

할머니는 해마다 건강 검진을 하셔. 이번에는 오줌에 피가 조금 섞여 있어. 오줌을 만들고 내보내는 콩팥과 방광에 탈이 났을지도 몰라. 초음파 기계로 살펴보고 있어.

"선생님, 점심 먹고 해요!"

점심은 병원 식구들하고 같이 먹어.
가끔은 주말농장에서 거둔 채소로 도시락을 싸 와.
점심을 먹고 나서는 운동 삼아 동네를 걷기도 해.
진료실에만 있다 보니 시원한 바깥 공기를 마시고 싶거든.

간호사 선생님들은 벌써 일을 시작했네.
기다리고 있는 사람들 체온이나 혈압을 재 놓았어.
이렇게 미리 준비를 해 주니까, 내가 환자 상태를 빨리 알 수 있어.
간호사 선생님들은 내가 진료할 때 옆에서 돕고, 주사도 놓지.
우리는 손발이 척척 잘 맞아. 자, 어서 오후 진료를 시작해야지.

꽃님이 할머니 검사 결과부터 볼까?
걷기도 힘들고 부쩍 피곤하다고 하셔서,
여러 가지 검사를 했거든. 오늘 결과가 나왔어.
아이고, 내가 잔소리 좀 해야겠는걸.

"혈압, 콜레스테롤, 혈당 모두 수치가 높아요."

어떤 검사들이 있을까?

혈액 검사
핏속에 들어 있는 여러 물질을 검사해.
무언가 이상하다는 결과가 나오면, 몸에
병이 난 건 아닌지 더 알아봐야 해.

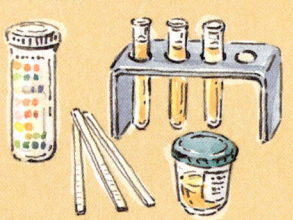

소변 검사
오줌을 검사하면 콩팥이나
오줌 나오는 길에 병이 있는지
따져 볼 수 있어.

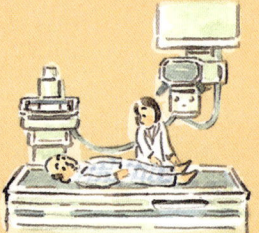

엑스선 촬영
뼈나 허파 같은 걸 찍어.
몸속 모양을 볼 수 있어.

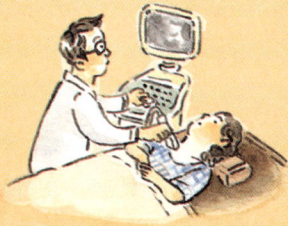
초음파 검사
몸속에 있는 심장이나 콩팥 같은
내장 기관을 보는 거야. 모양과
움직임을 볼 수 있어.

시티 촬영
뼈나 내장 기관 속까지 볼 수 있어.
단순 엑스선이나 초음파만으로는
안 보이는 것까지 볼 수 있지.

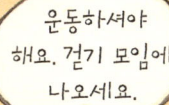
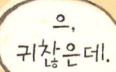

이야, 반가운 손님이 오셨네!
우리 병원에서 최고로 인기 있는 한용삼 할아버지야.
지금은 이렇게 멋쟁이 신사지만,
처음 만났을 땐 완전히 딴판이었어.

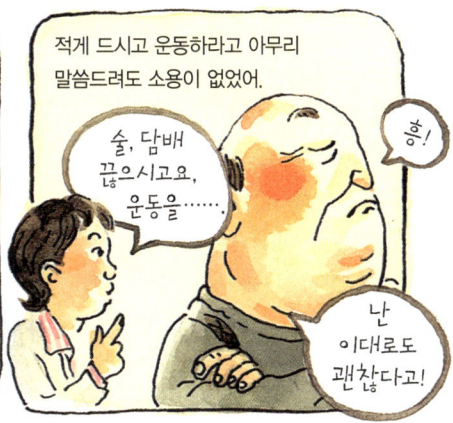

이번에는 어린이 환자야. 우리 병원에는 처음 왔어.
세상에 재미있는 일이 하나도 없다는 얼굴인걸.
무엇이 문제인지 이야기를 들어 봐야겠어.

이야기를 듣다 보니 내가 대학교 다닐 때가 떠올랐어.
공부할 게 너무 많아서 힘들고, 시험 때문에 늘 긴장했어.
잠도 제대로 못 자다 보니 자꾸 몸이 아팠지.

요즘에는 어린이들도 공부하느라 참 바쁘지.
늘 점수랑 등수를 걱정해야 하니 얼마나 답답할까.
그래서 마음이 불안하고 자꾸 짜증이 난다는 어린이들이 많아.
이 어린이는 상담과 놀이로 마음도 치료해야 해.
어린이를 치료하는 정신건강의학과 선생님한테 보내야겠어.

환자들이 뜸해졌으니 진료 의뢰서를 써야겠다.
우리 같은 가정의원은 병을 두루두루 치료하는 곳이야.
피부과 따로, 이비인후과 따로 가지 않아도 한 번에 치료할 수 있지.
그런데 더 자세한 검사나 치료를 받아야 하는 환자들도 있어.
그럴 때 진료 의뢰서를 써서 딱 맞는 의료 기관을 소개해 줘.
이것도 내가 하는 중요한 일이야.

김만복 할아버지
뇌졸중을 앓는데, 요즘 갑자기 눈앞이 보이지 않을 때가 있대. 신경과 전문의한테 진료를 부탁드려야겠어.

김민재 어린이
몸이 한두 군데가 아픈 게 아니야. 마음이 아파서 생긴 병이야. 빨리 상담 치료를 받도록 하는 것이 좋겠어.

심말숙 할머니
몸이 붓고 가슴이 답답하고 뻐근할 때가 많대. 심장병 초기에 나타나는 증상일 수 있으니까, 심장내과 전문의한테 진료 받게 해야겠어.

진료 말고도 할 일이 많아!

오, 이런 연구 결과가 나왔구나!

의학책이나 의학 연구 자료를 보면서 늘 공부해. 새로운 연구 결과나 새로 개발되는 약들이 계속 나오거든. 의사는 사람의 목숨을 살리는 일을 하잖아. 공부를 게을리할 수 없어.

음, 허파가 석 달 전보다 깨끗해졌어.

검사 결과를 꼼꼼히 살펴보기도 해.

검사실이죠? 노민호 씨 검사 결과에서 확인할 게 있어서요.

국민건강보험공단에 진료비를 청구해. 환자들이 병원에서 진료를 받으면, 진료비를 환자와 국민건강보험공단이 나누어 내거든.

국민건강보험은 국민들이 아플 때를 대비해서 나라에서 만든 제도야. 국민들이 다달이 돈을 얼마씩 내면 모아 두었다가 진료비에 보태 줘.

선생님! 응급 환자요! 빨리, 빨리요!

갑자기 대기실이 시끄러워. 저런, 우리 아들 친구 선우구나!
놀다가 발을 다쳐서 왔어. 상처가 깊어서 꿰매야겠어.
바늘이 들어가면 몹시 아프니까, 다친 곳에 마취를 할 거야.
그러면 얼마 동안 느낌이 없어져서 바늘이 들어가도 아픈지 몰라.

오늘은 진료를 조금 일찍 끝내야 해. 가정 간호사와 함께 왕진을 가는 날이거든. 왕진이 뭐냐고? 의사가 환자 집으로 찾아가 진료하는 거지. 몸을 움직이기 어려워서 병원에 오지 못하는 사람들이 있거든. 왕진은 우리 병원에서 하는 특별한 진료 방식이야.

다녀오세요!

가정 간호사
집으로 찾아가 환자를 간호하는 사람.
전문 자격이 있어야 해.

왕진 가방 안에 무엇이 들었나?

지금은 왕진을 다니는 의사가 거의 없어. 오래 전에는 의사가 왕진을 많이 다녔어. 그때는 의사 하면 왕진 가방을 떠올렸지.

- 위생 접시
- 주삿바늘
- 주사기
- 청진기
- 주사약
- 집게랑 가위들
- 소독 솜
- 반창고
- 혈당 재는 도구
- 붕대
- 거즈
- 혈압 재는 도구

자세를 자주 바꾸고, 손발도 자꾸 주무르세요.

돌아오는 길에, 홍순남 할머니가 돌아가셨다는 소식을 들었어.
고치기 어려운 병을 앓고 계셨지만, 왕진 가면 늘 반겨 주셨어.
그동안 나를 믿고 치료도 잘 따라와 주셨는데…….
오랫동안 만나던 환자가 이렇게 세상을 떠나면 참 쓸쓸해.
내가 더 잘했어야 했는데 싶기도 하고.
이럴 때는 건강해진 환자들을 생각하며 마음을 달래.
그리고 더 열심히 공부하고 일하겠다고 다짐하지.

나는 우리 마을 사람들이 건강하게 살도록 돕는 일을 해.
아픈 사람들이 다시 걷고, 일하고,
즐겁게 노는 모습을 보고 싶어.
함께 애를 써서 병이 낫고 건강을 되찾는 게 기뻐.

새로운 아침이야.
오늘도 힘차게 시작해 보자.
"다음 환자 들어오세요!"

어린이 건강 학교
우리는 튼튼한 어린이!

1 일찍 자고 일찍 일어나기!

우리는 한창 자라는 나이. 푹 자야 몸도 마음도 무럭무럭 자라. 해님이 잘 때 같이 자고, 해님이 일어날 때 같이 일어나자. 그래야 몸이 가뿐하고, 머리도 맑아.

2 밥은 제때에 골고루 먹기!

제때에 먹어야 소화가 잘돼. 골고루 먹어야 우리 몸에 필요한 영양분을 다 얻을 수 있어. 고기도 좋지만 채소와 과일도 함께 먹자! 라면이나 과자는 가끔씩만 먹자.

3 몸을 깨끗이!

집에 들어오면 손을 씻자. 화장실 다녀와서도 손을 씻자. 귀찮아도 이를 잘 닦자. 잠자기 전에는 꼭 닦자.

신나게 뛰어놀기!

하루 한 번씩 몸을 움직여 땀을 내자. 키도 쑥쑥 크고
몸도 튼튼해져. 마음속에 쌓인 짜증이나 불안도 날아가.
줄넘기나 배드민턴도 좋아. 즐겁게 춤추는 것도 좋아.
동네 산책도 좋아. 컴퓨터 앞에 앉아 게임하는 건 조금만!

 **잘 웃고, 잘 울기!**

좋을 땐 깔깔 웃고, 슬프거나 속상할 때는 실컷 울자.
재미난 일, 화난 일, 속상한 일 모두 친구나 가족들한테
조잘조잘 이야기하자. 친구들이 이야기할 때는 잘 들어 주자.
마음속에 꾹꾹 눌러두지 말고 다 말해야 마음 튼튼, 몸 튼튼!

6 몸이 아플 땐 어른한테 말하기!

아플 땐 참지 말자. 아픈 건 우리 잘못이 아니야. 다쳤을 때도
혼날까 봐 걱정하지 말자. 어른한테 말해서 도움을 받자.

 **위험한 장난은 안 돼!**

뾰족한 물건 갖고 놀지 말자. 높은 곳에서
뛰어내리는 것도 위험해. 다치면 아파!
불장난도 하지 말자. 라이터는 아예 만지지도 말자.
작은 불이라도 눈 깜짝할 새에 번져.
약을 갖고 놀지 말자. 함부로 먹으면 위험해!

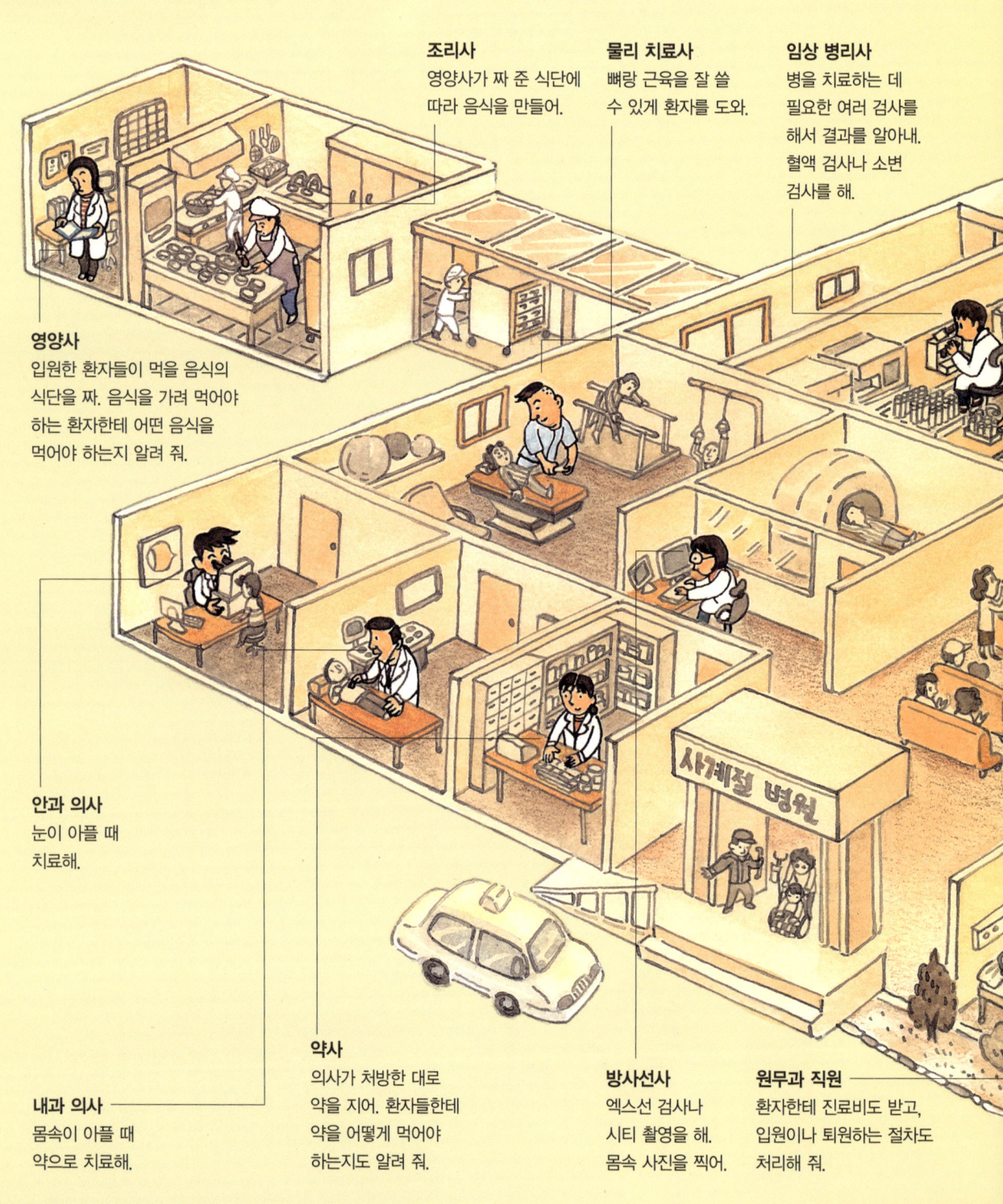

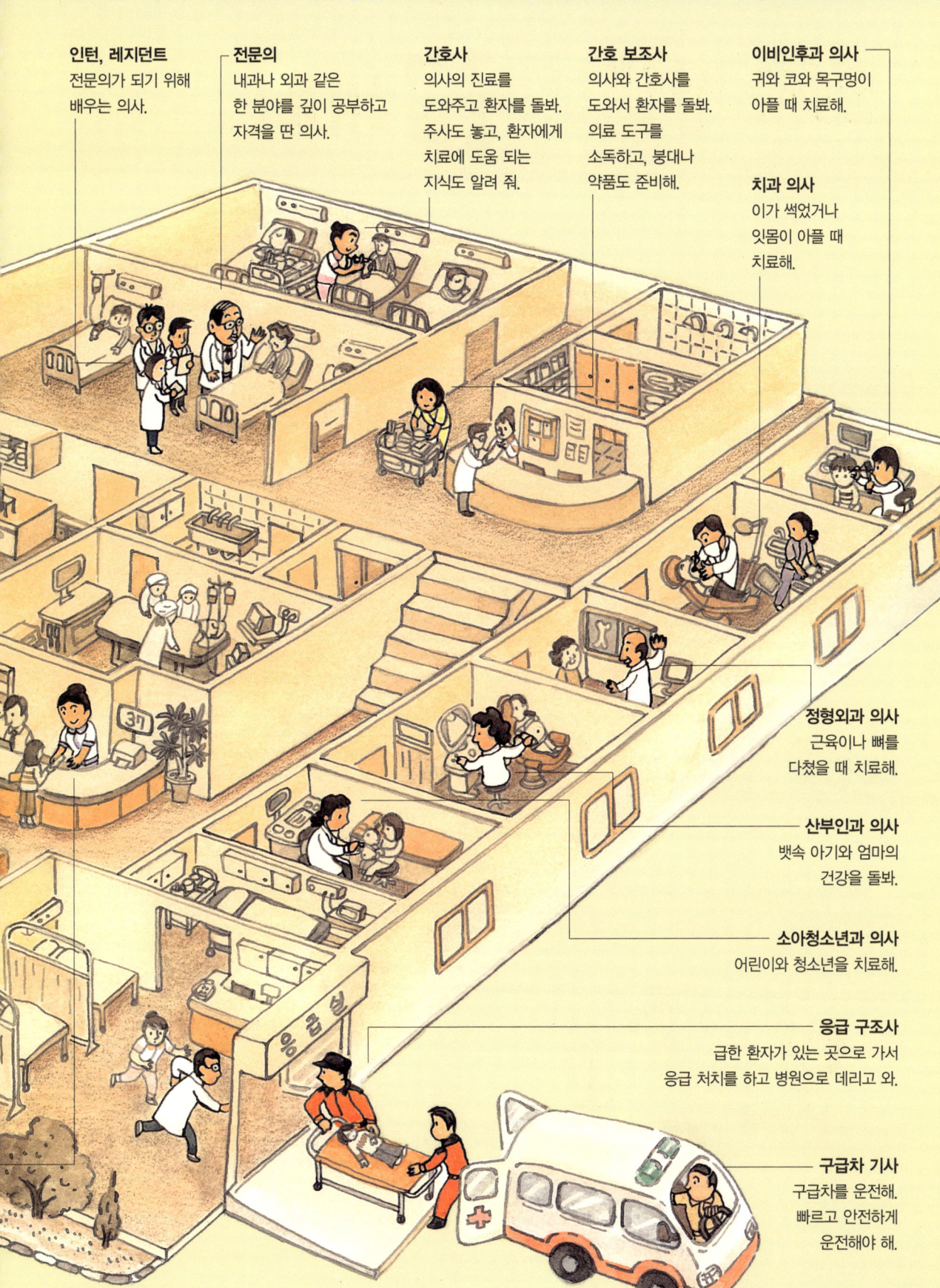

의사 선생님, 궁금해요!

 **의사가 되려면 공부를 많이 해야 한다는데, 정말이에요?**

의과 대학에 들어가서 6년 동안 공부를 하고, 나라에서 치르는 시험을 봐요. 합격하면 의사가 돼요. 어떤 분야를 더 자세하고 깊이 공부해서 치료하는 의사도 있어요. 전문의라고 해요. 여러 분야를 두루 경험하는 인턴으로 1년, 한 분야를 깊이 공부하는 레지던트 4년 과정을 거치고 시험에 합격하면 전문의가 되는 거예요.

 **의사가 아플 때는 자기가 치료하나요?**

의사도 아프면 당연히 병원에 가요. 인턴으로 일할 때 급성 간염에 걸려 입원한 적이 있어요. 토하고 설사하고 열이 나서 몹시 괴로웠어요. 의사 선생님이 꼼꼼하게 진료해 주시는데, 저분이 나를 보살피고 있구나, 내가 곧 낫겠구나 하는 느낌을 받았어요. 내가 아픈 사람이 되어 보니 환자를 어떻게 대해야 할지 알겠더군요.

  **환자를 안 만나는 의사도 있다고요?**

아픈 사람을 치료하는 의사가 가장 많지만, 다른 의사도 많아요. 의과 대학생을 가르치는 의사도 있고, 연구실에서 바이러스나 세균을 연구하는 의사도 있어요. 약을 연구하는 의사도 있고, 병 고치는 데 쓰는 장비를 개발하는 의사도 있죠.

수술할 때 피도 보고 내장도 볼 텐데 무섭지 않아요?

의과 대학에서 공부할 때, 어떤 친구는 기절하기도 했어요. 내가 겁이 많고 마음이 약한데도, 살이 찢어지거나 피가 흐르는 걸 보는 건 무섭지 않더라고요. 의사가 나한테 딱 맞죠?

의사로 일하면서 언제가 가장 힘들어요?

진료실에서 환자를 오래 만날 수가 없어요. 짧은 시간에 환자를 진료하는 것이 가장 어려워요.
딱 아픈 곳만 치료하는 것보다 그곳이 왜 아프게 됐는지를 알아내서 치료하는 게
더 중요하거든요. 우리 병원에 오래 다닌 분들이야 내가 계속 건강을 살펴서 잘 알아요.
하지만 우리 병원에 처음 오신 분들에게는 생활 습관을 자세히 묻고 대답을 듣기가 어려워요.
보통은 의사나 환자나 모두 바쁘다 보니 병원에서 이런 이야기를 잘 나누지 못하거든요.
그래서 이야기하기가 어색한가 봐요. 하지만 우리 병원에서는 무척 중요하게 여겨요.

 왜 가정의학과 의사가 됐나요?

의사가 되려고 마음먹었을 때부터 나는 마을 사람들을 돌보는 주치의가 되고 싶었어요.
큰 병원에서 어려운 수술을 해서 생명을 구하는 일도 보람찬 일이지요. 하지만 내가 살고 있는
마을의 사람들과 함께 운동도 하고 건강한 생활 습관을 알리면서, 사람들이 아프기 전에
건강을 지키도록 하고 싶었어요. 나는 마을 사람들이 건강하도록 보살피는 의사로
일하는 것이 무척 행복해요.

> 작가의 말

함께 사는 이웃, 우리 의사 선생님

　의사 이야기로 같이 책을 만들자는 말을 들었을 때, 나는 얼른 대답하지 못했어. 의사는 하는 일이 너무 어렵고 복잡한 것 같았거든. 날마다 아픈 사람만 만날 테니, 재미있는 이야기가 있을 것 같지도 않았어. 생각 끝에 의사에 관한 자료를 찾아봤어. 알고 보니 세상에 참 좋은 의사도 많고 별난 의사도 많은 거 있지? 이런 의사가 있다면 만나 보고 싶다는 마음이 들었어.
　막상 일을 시작하려니 또 고민이 생겼어.
　'어떤 의사를 만나 취재를 하면 좋을까?'
　의사들이라고 다 똑같은 일을 하는 건 아니잖아. 커다란 종합 병원에서 심장을 수술하는 의사도 있고, 섬마을 보건소에서 일하는 의사도 있어. 이제 막 의사 일을 시작한 인턴도 있고, 경험 많은 전문의도 있지. 편집자랑 머리를 맞대고 생각하다가 결론을 내렸어. 어린이들이 마을에서 흔히 만날 수 있는 의사가 좋겠다고. 마침내 딱 맞는 의사 선생님들을 찾았어.
　그 가운데 가장 많이 취재한 분은 작은 도시와 농촌이 붙어 있는 지역에서 일하는 가정의학과 선생님이었어. 그분이 일하는 병원은 마을 주민들이 뜻을 모아 세운 곳이었어. 그 마을 주민들은 자기들을 맡아서 치료해 줄 주치의가 있는 셈이야.
　그 의사 선생님을 만나서 이야기도 듣고, 어떻게 일하는지 옆에서 지켜보았어. 짧은 시간에 많은 사람을 만나야 하니까 꽤 바쁠 텐데도, 아픈 사람의 이야기를 귀 기울여 들었어. 왜 아프게 되었는지 자세히 설명하고는, 지금부터 무슨 치료를 할 건데 괜찮겠느냐고 묻고 나서 치료를 했어. 그리고 아프게 된 까닭을 밝혀 고치는 게 중요하다며, 그러려면 어떻게 해야 하는지

조목조목 알려 줘.
　선생님은, 사람들이 바쁘게 일하며 살다 보니 몸을 돌볼 여유가 없어서 아프고, 몸을 치료하자니 돈이 더 많이 필요하고, 그래서 돈 벌려고 또 바쁘게 일하는 걸 안타까워했어. 조금만 시간을 내서 운동하고, 음식을 골고루 균형 있게 먹기만 해도 훨씬 건강하게 살 수 있다고 말이야. 그래서 이 선생님은 마을 주민들과 함께 운동하는 모임이나 건강 학교도 운영하고 있어. 운동이든 공부든 혼자 하면 어렵지만 여럿이 함께 하면 더 쉬우니까.
　의사 선생님은 이 많은 일들을 즐거운 마음으로 하고 있어. 아픈 사람의 마음을 이해하고 돌보며 함께 살아가는 이웃으로 살고 있지. 의사라면 조금은 멀고 어렵게 느껴졌는데, 이런 의사 선생님이 더 많아졌으면 좋겠어.

글·그림 **정소영**

경기도 포천에서 태어나고 자랐습니다. 덕성여대 대학원에서 서양화를 공부했고
한국 일러스트레이션 학교를 마쳤습니다. 지금은 일산에서 요리를 좋아하는 아들과 함께 살고 있습니다.
쓰고 그린 책으로는 『딩동딩동 편지 왔어요』, 『아들에게』가 있습니다.
『난 원래 공부 못해』, 『하늘을 날다』, 『나무에 새긴 팔만대장경』, 『비둘기 전사 게이넥』 들에 그림을 그렸습니다.
세상살이의 어려움을 밝고 꿋꿋하게 이겨 내는 사람들 이야기를 들려주고 보여 주고 싶습니다.

도와주신 분 권성실(우리생협의원 원장), 정승호(혜화가정의원 원장), 안성농민병원
감수 정혜진·김승범(제너럴닥터의원 원장)

일과 사람 06 의사

나는 우리 마을 주치의!

2012년 1월 2일 1판 1쇄
2020년 8월 31일 1판 9쇄

ⓒ정소영, 곰곰 2012

글·그림 : 정소영 | 기획·편집 : 곰곰(전미경, 심상진, 안지혜) | 디자인 : 큐리어스(권석연, 김수진)
편집관리 : 그림책팀 | 제작 : 박흥기 | 마케팅 : 이병규, 이민정, 최다은 | 홍보 : 조민희, 강효원
출력 : 한국커뮤니케이션 | 인쇄 : 코리아 피앤피 | 제책 : 책다움
펴낸이 : 강맑실 | 펴낸곳 : (주)사계절출판사 | 등록 : 제406-2003-034호
주소 : (우)10881 경기도 파주시 회동길 252
전화 : 031)955-8588, 8558 | 전송 : 마케팅부 031)955-8595 편집부 031)955-8596
홈페이지 : www.sakyejul.net | 전자우편 : picturebook@sakyejul.com
블로그 : skjmail.blog.me | 페이스북 : facebook.com/sakyejulpicture
트위터 : twitter.com/sakyejul | 인스타그램 : sakyejul_picturebook

값은 뒤표지에 적혀 있습니다. 잘못 만든 책은 구입하신 서점에서 바꾸어 드립니다.
사계절출판사는 성장의 의미를 생각합니다. 사계절출판사는 독자 여러분의 의견에 늘 귀 기울이고 있습니다.
이 책은 저작권법에 따라 보호받는 저작물이므로 무단전재와 무단복제를 금합니다.

ISBN 978-89-5828-594-6 74370   ISBN 978-89-5828-463-5 74370(세트)

이 책의 국립중앙도서관 출판시도서목록(CIP)은 다음 홈페이지에서 이용할 수 있습니다. CIP제어번호:CIP2011005438